AF263794

CANTIQUES

A L'USAGE DES ÉCOLES.

LILLE,

IMPRIMERIE DE HOREMANS, LIBRAIRE ET LITHOGRAPHE,
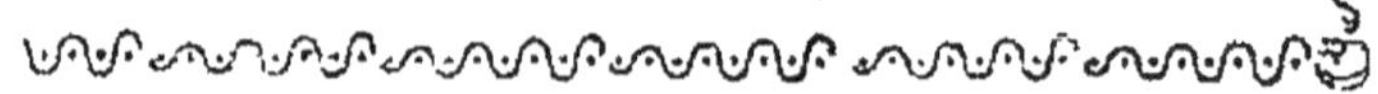
e du Faubourg-Notre-Dame, 130.

CANTIQUES
A L'USAGE DES ÉCOLES.

Prière au saint Enfant Jésus.

Saint Enfant Jésus, qui avez profité en âge et en sagesse devant Dieu et devant les hommes, faites-moi la grâce de profiter comme vous; afin qu'en vous imitant, je vous suive jusqu'à la vie éternelle. Ainsi soit-il.

Prière de saint Bernard à la sainte Vierge.

Souvenez-vous, ô très-douce Vierge Marie! qu'on n'a jamais ouï dire qu'aucun de ceux qui ont eu recours à votre protection, imploré votre assistance ou demandé votre intercession, ait été abandonné. Animé d'une pareille confiance, je cours vers vous, ô Vierge des vierges et notre Mère! je me réfugie à vos pieds; et, tout pécheur que je suis, j'ose paraître devant vous en gémissant. Ne méprisez pas, ô Mère de mon Dieu! mes humbles prières; mais rendez-vous-y propice; exaucez-les, et intercédez pour moi auprès de votre cher Fils.

Pour demander la pureté.

Par votre très-sainte Virginité et votre immaculée Conception, ô Vierge très-pure et Reine des anges! obtenez que mon corps et mon âme soient purifiés. Ainsi soit-il.

Prière à saint Joseph.

Grand saint Joseph, père nourricier de Jésus et époux de la bienheureuse Vierge Marie, je vous prends aujourd'hui et pour toute ma vie pour mon patron singulier, pour maître et pour conducteur de mon âme et de mon corps, de mes pensées, de mes paroles et de mes actions, de mon honneur, de mes biens, de ma vie et de ma mort. Je vous supplie de me recevoir pour votre serviteur perpétuel, de m'assister dans toutes mes actions, et de m'obtenir l'inestimable bonheur de vivre et de mourir, comme vous, dans l'amour de Jésus et de Marie. Ainsi soit-il.

Prière à l'Ange Gardien.

Ange du Seigneur, qui êtes mon fidèle gardien, puisque Dieu, par sa bonté infinie, m'a confié à vos soins, daignez aujourd'hui m'éclairer, me garder, me conduire, me gouverner, et me protéger à l'heure de ma mort. Ainsi soit-il.

Prière à saint Louis de Gonzague.

O saint Louis de Gonzague! vrai miroir des vertus angéliques, quoique votre indigne serviteur, je vous recommande d'une manière particulière la chasteté de mon âme et de mon corps ; je vous prie de me recommander à Jésus-Christ, l'Agneau sans tache, et à sa très-sainte Mère, la Vierge des vierges, préservez-moi de tout péché, ne permettez pas que je tombe jamais dans aucune faute d'impureté ; mais, quand vous me verrez en tentation ou en danger de péché, éloignez de moi toutes les pensées et toutes les affections impures ; et, réveillant en moi le souvenir de l'éternité et de Jésus crucifié, imprimez profondément dans mon cœur le sentiment de la sainte crainte de Dieu ; enflammez-moi du divin amour, afin qu'après vous avoir imité sur la terre, je mérite de jouir de Dieu avec vous dans le ciel. Ainsi soit-il.

Pater. Ave. (100 jours d'indulgence.)

Avant le Catéchisme.

Mon Dieu, je vais écouter attentivement le catéchisme pour l'amour de vous; faites-moi la grâce d'y apprendre à vous connaître, à vous aimer et à vous servir, et de pratiquer fidèlement tout ce que j'y aurai appris.

Après le Catéchisme.

Mon Dieu, je vous remercie des saintes instructions que vous venez de me donner ; faites que je les conserve dans mon cœur, et qu'elles soient toujours la règle de ma conduite.

---

193   **La Foi ou le Credo.**

Je crois en Dieu , le Père tout-puissant,
Le Dieu du ciel, de la terre et de l'onde ;
Qui, d'un seul mot, a tiré du néant
Et le visible et l'invisible monde.

D'un cœur soumis je crois en Jésus-Christ,
Verbe fait chair, Fils unique du Père,
Pour me sauver, conçu du Saint-Esprit,
Et, dans le temps, né d'une Vierge mère.

Mille tourments, sous Pilate soufferts,
De son amour ont consommé l'ouvrage ;
Il meurt en croix, et descend aux enfers
Pour délivrer les justes d'esclavage.

Après trois jours passés dans le tombeau,
Le Dieu vainqueur en sort et ressuscite ;
Il monte au ciel, et viendra de nouveau
Nous juger tous selon notre mérite.

Ainsi qu'au Fils, je crois au Saint-Esprit ;
Je crois la sainte et catholique Eglise ;
Et qu'en vertu du sang de Jesus-Christ,
Au pénitent toute offense est remise.

Je crois des Saints l'ineffable union,
Par où la terre au ciel même se lie :
Je crois des morts la résurrection ;
Je crois l'enfer et l'éternelle vie.

L'Espérance.

5

J'espère en vous,
Dieu tout-puissant, Dieu de clémence ;
J'espère en vous,
O père si tendre et si doux !
C'est vous qui, par votre puissance,
Des biens répandez l'abondance ;
J'espère en vous.

J'espère en vous,
Dans la langueur, dans la souffrance,
J'espère en vous.
La souffrance est un bien pour nous ;
Par elle votre providence
Veut éprouver notre constance ;
J'espère en vous.

J'espère en vous ;
Malgré mes fautes, ma misère,
J'espère en vous.
Confus, tremblant à vos genoux,
J'implore ma grâce, ô mon Père !
Apaisez donc votre colère ;
J'espère en vous.

J'espère en vous ;
Ah ! sauvez-moi, je le désire ;
J'espère en vous.
Jésus meurt pour nous sauver tous ;
Il pense à moi quand il expire,
Couvert de son sang, j'ose dire :
J'espère en vous.

136   **La Charité.**

Brûlons d'ardeur, brûlons sans cesse,
Brûlons d'ardeur pour le Seigneur.
A n'aimer que lui tout nous presse,
Lui seul mérite notre cœur.

Lui seul est grand, seul adorable,
Lui seul est grand, seul tout puissant.
Ah ! qu'il est bon, qu'il est aimable !
Tout en lui, tout est ravissant.

Viens m'animer, amour céleste ;
Viens m'animer, viens m'enflammer :
Plein de dégoût pour tout le reste,
C'est Dieu seul que je veux aimer.

Régnez en moi, Dieu tout aimable ;
Régnez en moi, mon divin Roi.
Pour preuve d'amour véritable,
Que j'observe en tout votre loi.

O vérité ! ô bien suprême !
O vérité ! ô charité !
Faites, grand Dieu, que je vous aime
Dans le temps et l'éternité.

---

159   **Même sujet.**

Seigneur, dès ma première enfance,
Tu me prévins de tes bienfaits :
Heureux si la reconnaissance
Dans mon cœur les grave à jamais !

Refr. Le monde trompeur et volage
En vain m'offrirait sa faveur,
Je n'en veux point : tout mon partage
Est de n'aimer que le Seigneur.

Dieu règne en père dans mon âme;
Il en remplit tous les désirs ;
Et l'amour pur dont il m'enflamme,
Vaut seul mieux que tous les plaisirs.

Si je m'égare, il me rappelle ;
Si je tombe, il me tend la main ;
Il me protége sous son aile,
Il me réchauffe dans son sein.

Si je suis constant et fidèle
A conserver son saint amour,
Une récompense éternelle
M'attend dans son divin séjour.

---

22   **Dieu béni dans ses ouvrages.**

Aimables abeilles ,
Vous me ravissez.
Oh! que de merveilles
Vous réunissez !
Dans la petitesse
Votre agilité
Est jointe à l'adresse,
A l'utilité.

Tout se fait dans l'ordre
Sans confusion ;
Jamais de désordre
Dans votre maison.
Chacune s'accorde ;
La paix est chez vous ;
La triste discorde
N'est que parmi nous.

La reine fredonne ,
Et vous l'écoutez ;
Sitôt qu'elle ordonne ,

Vous exécutez.
Ah ! fais-je de même ?
Suis-je obéissant
A la loi suprême
Du Dieu tout-puissant ?

'Aimables abeilles,
Ce n'est pas pour vous ;
Vos travaux, vos veilles,
Hélas ! sont pour nous.
Sages ouvrières,
Un Dieu par vos soins,
En mille manières,
Veille à nos besoins.

---

111   **Même sujet.**

Age pur, aimable saison,
Douces prémices de la vie,
Où l'innocence et la raison
Offrent un sort digne d'envie ;
Heureux qui voit couler en paix
Vos heures, vos jours sans nuage,
Donnant au Dieu qui nous a faits
Tous les instants de ce bel âge !   (*bis*).

Jeunes enfants, votre Sauveur
Vous a choisis par préférence ;
Il chérit en vous la candeur
Et la pureté de l'enfance :
Puissiez-vous sentir ce bonheur,
Et goûter pour lui, sans partage,
Tous les transports d'une ferveur
Qui croisse avec vous d'âge en âge !   (*bis*).

Vierge, patronne des enfants,
Notre amour et notre espérance,
Au milieu des maux renaissants,

Nous réclamons votre puissance :
Préservez-nous de tout péril ;
Loin de nous écartez l'orage ;
De vos enfants, dans cet exil,
Montrez-vous la mère à tout âge.　　　　*(bis)*.

---

34 Invitation à la Jeunesse à se donner au Seigneur.

A servir le Seigneur
Que votre cœur s'empresse ;
Montrez, chère jeunesse,
Montrez tous votre ardeur
A servir le Seigneur.

Lui seul doit vous charmer,
Il est le bien suprême ;
Il vous aime lni-même,
Ne faut-il pas l'aimer ?
Lui seul doit vous charmer.

D'un jeune et tendre cœur
Oh ! qu'il aime l'offrande !
Lui-même il la demande :
Lui seul fait le bonheur
D'un jeune et tendre cœur.

Honorez vos parents :
Si vous savez leur plaire,
Votre céleste Père
Prolongera vos ans.
Honorez vos parents.

Fuyez les vains plaisirs
Que le monde présente :
Qu'une vie innocente
Fixe tous vos désirs.
Fuyez les vains plaisirs.

Évitez les méchants ;
Leur commerce funeste
Séduit, corrompt, empeste
Les plus sages enfants.
Évitez les méchants.

---

43   **Même sujet** ou **les vrais plaisirs.**

Voici, chère jeunesse,
Où sont les vrais plaisirs :
Ils sont dans la sagesse,
Qui règle les désirs :

Refr. Faire le bien,
Pour être heureux, c'est l'unique moyen.   (*bis*)

La volupté vous tente,
Fuyez, ne cédez pas :
Une joie innocente
Suivra tous vos combats.

Ne souffrez l'indécence
En aucun de vos jeux ;
L'aimable bienséance
En fait le gracieux.

Jamais de complaisance
Qui déplaise au Seigneur ;
Vous aurez l'assurance
D'être cher à son cœur.

Aimez le tout aimable
Plus que tout autre objet ;
Son seul amour durable
Fait le bonheur parfait.

19 **Importance du salut.**

Nous n'avons à faire
Que notre salut ;   *bis.*
C'est là notre but,
C'est là notre unique affaire.
Nous serons heureux
En cherchant les cieux.   *b.*

Notre âme immortelle
Est faite pour Dieu ;   *bis.*
La terre est trop peu,
Ou plutôt n'est rien pour elle ;
Nous serons heureux
En cherchant les cieux.   *b.*

Perte universelle !
Perdre son Sauveur,   *bis.*
Perdre son bonheur,
Perdre la vie éternelle !
Afin d'être heureux,
Nous cherchons les cieux.   *b.*

Nous cherchons la grâce,
Le reste n'est rien ;   *bis.*
Ce n'est pas un bien,
Dès-lors qu'il trompe et qu'il passe :
Afin d'être heureux,
Nous cherchons les cieux.   *b.*

Allons par Marie,
Allons à Jésus.   *bis.*
Qu'avons-nous de plus ?
C'est la gloire, c'est la vie :
Venez, suivez-nous,
Et nous l'aurons tous.   *b.*

140   **La malice du péché.**

Oh ! si l'on pouvait bien comprendre
Du péché l'horrible laideur,
A ses attraits loin de se rendre ,
On le fuirait avec horreur.

Le mortel qui s'en rend coupable
Méprise le souverain roi :
Par une malice exécrable ,
Il foule aux pieds sa sainte loi.

Un bien passager et frivole ,
Un faux plaisir, un faux honneur ,
Voilà la détestable idole
Mise à la place du Seigneur.

Le pécheur, loin de reconnaître
D'un Dieu la libéralité ,
Se sert contre ce divin Maître
Des dons mêmes de sa bonté.

Maudit péché , néant rebelle ,
Ton aspect me remplit d'effroi :
Oh ! que ta blessure est cruelle !
Malheur à qui se livre à toi !

Loin de mon cœur, péché funeste !
Ta seule ombre doit m'alarmer ;
Je te renonce et te déteste :
Plutôt mourir que de t'aimer.

---

204   **Les Fins dernières.**

Vous qui courez sans crainte au précipice,
Loin du sentier des préceptes divins ,
Pour vous tirer de l'abîme du vice ,
Pensez souvent à vos dernières fins.   *bis.*

Il faut mourir, nul ne peut s'en défendre ;
La mort soumet les peuples et les rois ;
Souvenez-vous qu'elle peut vous surprendre,
Et qu'après tout l'on ne meurt qu'une fois.   *bis.*

Du jugement la mort sera suivie :
Terrible et prompt, mais juste jugement !
Malheur, hélas ! à celui dont la vie
Se trouvera coupable, en ce moment !   *bis.*

L'arrêt porté, la céleste vengeance
Sous le pécheur ouvrira les enfers ;
C'est là que Dieu, sans aucune indulgence,
Le punira par cent tourments divers.   *bis.*

Jetez les yeux sur le trône de gloire
Que le Seigneur prépare à ses élus :
Occupez-en souvent votre mémoire,
Pensez-y bien, vous ne pécherez plus.   *bis.*

Mort, jugement, enfer, vie éternelle,
Tableau frappant des saintes vérités,
Peut-on trouver une âme si rebelle
Qui n'ouvre enfin les yeux à vos clartés ?   *bis.*

---

56   Sanctification du Travail.

Sur ce que je vais faire
Jetez les yeux, Seigneur ;
A vous servir, vous plaire
Je mets tout mon bonheur.
Soutenez ma faiblesse,
Ou je travaille en vain ;
Dirigez donc sans cesse
Et mon cœur et ma main.

Fils d'un père coupable,
Né dans l'iniquité,
Le poids des maux m'accable,

Et j'en sens l'équité :
Au travail, quand vous-même,
Grand Dieu ! me condamnez,
Je m'y soumets, je l'aime,
Puisque vous l'ordonnez.

Lorsqu'en votre présence,
De vous plaire jaloux,
Au travail en silence
Je me livre pour vous,
Dieu bienfaisant, j'espère
Qu'un éternel repos
Sera l'heureux salaire
De mes faibles travaux.

---

26   **La présence de Dieu.**

Où puis-je me cacher
Lorsque je veux pécher ?
O grand Dieu que j'adore !
Partout, Dieu tout-puissant,
Du couchant à l'aurore
N'êtes vous pas présent ?

Irai-je vers les cieux ?
Assis dans ces hauts lieux,
Vous formez le tonnerre ;
Quand même j'entrerais
Au centre de la terre,
Je vous y trouverais.

Pour vivre saintement,
Faites qu'à tout moment
De vous je me souvienne,
Et que votre regard
Dans mon devoir me tienne,
Seigneur, à votre égard.

Que la nuit et le jour,
Mon âme , ô Dieu d'amour,
Marche en votre présence
Qu'en tel lieu que ce soit ,
Je dise et que je pense :
Dieu m'entend , Dieu me voit.

La Providence.

O douce Providence,
Qui régit l'univers ,
Dont la main nous dispense
Tant de trésors divers !
Qui pourrait méconnaître
L'auteur de ces présents ,
Et ne pas se remettre
Entre ses bras puissants !

O sagesse profonde !
Il veille en même temps
Sur les maîtres du monde
Et sur la fleur des champs.
Quelle douceur paisible
Préside à ses desseins !
Quelle force invincible
Conduit tout à ses fins !

Dans toute la nature
On voit briller ses dons,
Jusque sur la verdure,
Et l'émail des gazons.
Il donne leur parure
Aux lis éblouissants,
Et fournit leur pâture
Même aux oiseaux naissants.

Avant tout, ô mon âme !
Cherche sa sainte loi ;

Que son amour t'enflamme,
Tout le reste est à toi.
Doucement endormie
Sur son sein paternel,
Tu quitteras la vie
Pour t'envoler au ciel.

---

6   **La Prière.**

Il faut prier,
Du Seigneur c'est la loi suprême ;
Il faut prier,
Afin de nous sanctifier.
Mais que, pour ce Dieu qui nous aime,
Notre tendresse soit extrême,
Pour bien prier.

Il faut prier,
A l'aspect de notre misère,
Il faut prier,
Afin de nous fortifier.
Mais notre cœur doit de la terre
Mépriser les biens, la poussière,
Pour bien prier.

Il faut prier
Avec une foi pure et vive ;
Il faut prier,
Afin de nous purifier.
Il faut que notre âme attentive
Soit humble, fervente et plaintive,
Pour bien prier.

Il faut prier
Avec ardeur et confiance :
Il faut prier
Sans se lasser, sans s'ennuyer.
Qu'à Dieu notre persévérance

Fasse une sainte violence,
Pour bien prier.

Il faut prier,
Du Très-Haut chanter les louanges ;
Il faut prier,
Au ciel il faut s'associer ;
Il faut nous unir aux saints Anges,
A Marie, aux Saints, aux Archanges,
Pour bien prier.

---

122   Invocation au Saint-Esprit.

Refr. Esprit-Saint, descendez en nous,   *bis.*
Embrasez notre cœur de vos feux,
De vos feux   *bis.*
Les plus doux.

Sans vous notre vaine prudence
Ne peut, hélas ! que s'égarer ;
Ah ! dissipez notre ignorance,   *bis.*
Esprit d'intelligence,
Venez nous éclairer.

Le noir enfer, pour nous livrer la guerre,
Se réunit au monde séducteur :
Tout est pour nous embûches sur la terre ;
Soyez, soyez notre libérateur.   *bis.*

Enseignez-nous la divine sagesse ;
Seule elle peut nous conduire au bonheur ;
Dans ses sentiers qu'heureuse est la jeunesse !
Qu'heureuse est la vieillesse !

74   **Sentiments de Pénitence.**

J'ai péché dès mon enfance,
J'ai chassé Dieu de mon cœur ;
J'ai perdu mon innocence,
Quelle perte ! ah ! quel malheur !

Oh ! que mon âme était belle
Quand elle avait sa candeur !
Depuis qu'elle est criminelle,
Grand Dieu ! quelle est sa laideur !

Malheur à vous, amis traîtres,
Mes plus cruels ennemis,
Qui fûtes mes premiers maîtres
Dans les maux que j'ai commis !

O mon Dieu ! dans mon baptême,
A vous je me consacrai,
Et dès mon enfance même
Au démon je me livrai.

Pardonnez à ce rebelle
Qui déplore son malheur,
Qui veut vous être fidèle,
Et vous redonner son cœur.

65   **Pour la Communion.**

Troupe innocente
D'enfants chéris des cieux,
Dieu vous présente
Son festin précieux :
Il veut, ce doux Sauveur,
Entrer dans votre cœur.
Dans cette heureuse attente,
Soyez pleins de ferveur,
Troupe innocente.

3*

Acte de Foi et d'Adoration.

Mon divin Maître,
Par quel amour, comment
Daignez-vous être
Dans votre sacrement ?
Vous y venez pour moi.
Plein d'une vive foi,
J'y viens vous reconnaître
Pour mon Sauveur, mon Roi,
Mon divin Maître.

Acte d'Humilité.

Dieu de puissance,
Je ne suis qu'un pécheur ;
Votre présence
Me remplit de frayeur.
Mais, pour voir effacés
Tous mes péchés passés,
Un seul trait de clémence,
Un mot seul est assez,
Dieu de puissance.

Acte de Contrition.

Mon tendre Père,
Acceptez les regrets
D'un cœur sincère
Honteux de ses excès ;
Vous m'en verrez gémir
Jusqu'au dernier soupir.
Avant de vous déplaire
Puissé-je ici mourir,
Mon tendre Père !

Acte d'Amour.

Plus je vous aime,
Plus je veux vous aimer,

O bien suprême,
Qui seul peut me charmer !
Mais, ô Dieu plein d'attraits !
Quand, avec vos bienfaits,
Vous vous donnez vous-même,
Plus en vous je me plais,
Plus je vous aime.

Acte de Désir.

Que je désire
De ne m'unir qu'à vous
Que je soupire
Après un bien si doux !
Oh ! quand pourra mon cœur
S'enivrer du bonheur
D'être sous votre empire !
Hâtez-moi la faveur
Que je désire.

---

99   **Noël.**   *bis.*

Que j'aime ce divin enfant !
Qu'en cet état il est charmant !
Je l'aime, je l'aime.
O l'adorable enfant !
C'est l'amour même.

Son amour l'a nommé Jésus,
C'est le modèle des élus,
Je l'aime, je l'aime :
Imitons ses vertus, etc.

Quoique logé très-pauvrement,
Il ne se plaint aucunement,
Je l'aime, je l'aime.
Oh ! qu'il est patient, etc.

C'est ici le Dieu tout-puissant,

Qui vient me sauver en naissant :
Je l'aime, je l'aime.
O le Dieu bienfaisant, etc.

Qui n'aimerait ce Bien-Aimé,
Ce Jésus qui m'a tant aimé ?
Je l'aime, je l'aime,
Je l'aime, et l'aimerai, etc.

C'est mon Dieu, mon Maître et mon Roi,
C'est mon espérance et ma foi ;
Je l'aime, je l'aime :
C'est là toute ma loi, etc.

C'est mon frère et mon Rédempteur,
C'est l'espoir du pauvre pécheur :
Je l'aime, je l'aime ;
C'est l'ami de mon cœur, etc.

C'est mon Jésus, c'est mon Sauveur ;
Dans ce saint nom quelle douceur ;
Je l'aime, je l'aime :
C'est le Dieu de mon cœur, etc.

Vive le saint Enfant Jésus !
C'est le bel amour des élus ;
Je l'aime , je l'aime :
C'est mon tout et bien plus :
C'est l'amour même.

---

2   Nom de Jésus.

Vive Jésus !
C'est le cri de mon âme ;
Vive Jésus ! c'est le Dieu des vertus,
Aimable nom, quand ma voix te réclame,
D'un nouveau feu pour toi mon cœur s'enflamme.
Vive Jésus !   *bis.*

Vive Jésus !
C'est un cri d'espérance
Pour les pécheurs repentants et confus ;
Sur eux du ciel attirant la clémence,
Ce nom sacré soutient leur pénitence :
Vive Jésus !

Vive Jésus !
A ce cri de vaillance,
Je verrai fuir les démons éperdus.
Un mot suffit pour dompter leur puissance,
Pour terrasser leur superbe insolence :
Vive Jésus !

Vive Jésus !
Cri de reconnaissance
D'un cœur touché des biens qu'il a reçus ;
L'enfer veut-il troubler sa confiance,
Il dit encore avec plus d'assurance :
Vive Jésus !

Vive Jésus !
Qu'en tous lieux la victoire
Mette à ses pieds les méchants confondus !
O nom sacré, nom cher à ma mémoire.
Puissé-je vivre et mourir pour ta gloire !
Vive Jésus !

---

73   **Enfance de Jésus.**

O vous dont les tendres ans
Croissent encore innocents !
Pour sauver à votre enfance
Le trésor de l'innocence,
Contemplez l'Enfant Jésus,
Et prenez-en les vertus.

Il est votre Créateur,
Votre Dieu, votre Sauveur ;
Mais il est votre modèle.
Heureux qui lui fut fidèle !
Il eut part à sa faveur,
A ses dons, à son bonheur.

Une étable est le séjour
Où Jésus reçoit le jour :
Sous ses langes, de sa crèche,
Sa divine voix nous prêche
Que l'indigence, à ses yeux,
Est un riche don des cieux.

Il naît à peine, et, naissant,
Il veut être obéissant ;
Trente ans dans un vil asile,
L'ont vu fidèle et docile,
Exact, obéir toujours
Aux saints gardiens de ses jours.

Tout m'instruit dans l'Enfant Dieu :
Son respect pour le saint lieu,
Son air modeste, humble, affable,
Sa douceur inaltérable,
Son zèle, sa charité,
Sa clémence, sa bonté.

Combien en est-il, hélas !
Qui, loin de suivre ses pas,
Vont, croissant de vice en vice,
Aboutir au précipice !
Heureux, seul heureux qui prend
Pour guide Jésus enfant !

88 **La Passion.**

Au sang qu'un Dieu va répandre,
Ah! mêlez du moins vos pleurs.
Chrétiens, qui venez entendre
Le récit de ses douleurs.
Puisque c'est pour vos offenses
Que ce Dieu souffre aujourd'hui,
Animés par ses souffrances,
Vivez et mourez pour lui.

Dans un jardin solitaire
Il sent de rudes combats;
Il prie, il craint, il espère,
Son cœur veut et ne veut pas.
Tantôt la crainte est plus forte,
Et tantôt l'amour plus fort;
Mais enfin l'amour l'emporte,
Et lui fait choisir la mort.

Judas, que la fureur guide,
L'aborde d'un air soumis;
Il l'embrasse, et le perfide
Le livre à ses ennemis.
Judas, un pécheur t'imite,
Quand il feint de l'apaiser:
Souvent sa bouche hypocrite
Le trahit par un baiser.

On l'abandonne à la rage
De cent tigres inhumains;
Sur son aimable visage
Les soldats portent leurs mains.
Vous deviez, anges fidèles,
Témoins de ces attentats,
Ou le mettre sous vos ailes,
Ou frapper tous ces ingrats.

37 ## Actions de grâces.

Refr. Bénissons à jamais
Le Seigneur dans ses bienfaits,
Bénissons à jamais
Le Seigneur dans ses bienfaits.

Bénissez-le, saints Anges,
Louez sa majesté,
Rendez à sa bonté
Mille et mille louanges.

C'est un bien tendre père,
Plein de bonté pour nous ;
Il nous supporte tous
Malgré notre misère.

Il a guéri mon âme,
Comme un bon médecin ;
Comme un flambeau divin,
Il m'éclaire et m'enflamme.

Il me comble à toute heure
De grâce et de faveur ;
Dans le fond de mon cœur
Il a pris sa demeure.

Son cœur sera sans cesse
Ma force et mon appui,
Je me consacre à lui ;
Son tendre amour me presse.

Ma devise chérie,
Ma gloire et mon bonheur,
Seront d'être au Seigneur,
Pendant toute ma vie,

39   **Le mois de Marie.**

Refr.   Réunissons nos voix,
Pour chanter tous à la fois ;
Réunissons nos voix,
Pour chanter le plus beau mois.

Ce mois, de notre vie
La plus belle saison,
S'appelle avec raison
Le saint mois de Marie.

Dans ce mois, la nature
Se pare de ses fleurs ;
La vertu de nos cœurs
Doit faire la parure.

Des oiseaux l'harmonie
Qui réjouit ces bois,
Semble inviter nos voix
A célébrer Marie.

Entourons son image
Des fleurs de nos hameaux,
Des plus tendres rameaux
Offrons-lui le feuillage.

Pour honorer Marie
C'est trop peu de nos fleurs ;
Unissons-y nos cœurs :
C'est le don qu'elle envie.

Ave Maria.

Refr. Ave, Maria,
Car vous êtes ma mère,
Ma tendre mère,
    Ave, Maria.

    Au ciel tous les Anges,
En chœurs glorieux,
Chantent vos louanges,
O Reine des cieux.

    Voyez sur la terre
Vos petits enfants,
Daignez, bonne Mère,
Agréer leurs chants.

    Soyez l'espérance
Du pauvre affligé,
Plein de confiance
En votre bonté.

    Protégez sans cesse
L'enfance au berceau,
La faible vieillesse
Tout près du tombeau.

    Oui, bonne Marie,
Régnez sur nos cœurs;
Soyez notre vie,
Nos biens, nos douceurs.

    A l'heure dernière,
Fermez-nous les yeux,
A votre prière
S'ouvriront les cieux.

80 ### Hymne à Marie.

Unis aux concerts des Anges,
Aimable Reine des cieux,
Nous célébrons tes louanges
Par nos chants mélodieux.

Refr. De Marie
　　Qu'on publie
Et la gloire et les grandeurs,
　　Qu'on l'honore,
　　Qu'on l'implore,
Qu'elle règne sur nos cœurs.

Auprès d'elle la nature
Est sans grâce, sans beauté ;
Les cieux perdent leur parure,
L'astre du jour, sa clarté.

Pour tout dire, c'est Marie :
Dans ce nom que de douceur !
Nom d'une mère chérie,
Nom, doux espoir du pécheur.

Ah ! vous seuls pouvez nous dire,
Mortels qui l'avez goûté,
Combien doux est son empire,
Combien grande est sa bonté.

En vain l'enfer en furie
Frémirait autour de vous,
Si vous invoquez Marie,
Vous braverez son courroux.

Oui, je veux, ô tendre Mère !
Jusqu'à mon dernier soupir,
T'aimer, te servir, te plaire,
Et pour toi vivre et mourir.

56 ## Invocation à Marie.

Je mets ma confiance,
Vierge, en votre secours ;
Servez-moi de défense,
Prenez soin de mes jours :
Et quand ma dernière heure
Viendra fixer mon sort,
Obtenez que je meure
De la plus sainte mort.

A votre bienveillance
O Vierge ! j'ai recours ;
Soyez mon assistance
En tous lieux et toujours ;
Vous êtes notre Mère,
Jésus est votre Fils ;
Portez-lui la prière
De vos enfants chéris.

Sainte Vierge Marie,
Asile des pécheurs,
Prenez part, je vous prie,
A mes justes frayeurs.
Vous êtes mon refuge,
Votre Fils est mon roi,
Mais il sera mon juge ;
Intercédez pour moi.

Ah! soyez-moi propice,
Quand il faudra mourir :
Apaisez sa justice,
Je crains de la subir.
Mère pleine de zèle,
Protégez votre enfant ;
Je vous serai fidèle
Jusqu'au dernier instant.

28. Même sujet.

Tendre Marie,
Souveraine des cieux,
Mère chérie,
Patronne de ces lieux,
Veillez sur notre enfance ;
Sauvez notre innocence
Conservez-nous ce trésor précieux.

Mère de vie,
O doux présent des cieux,
De Dieu choisie
Pour combler tous nos vœux :
Voyez notre misère,
Montrez-vous notre Mère ;
Protégez-nous en ces jours orageux.

L'enfer s'élance ;
Dans sa noire fureur :
De notre enfance
Il veut ternir la fleur.
A peine à son aurore,
Votre enfant vous implore,
Vierge Marie, ouvrez-lui votre cœur.

O bienfaitrice
De nos plus jeunes ans ;
O protectrice
De nos derniers moments !
O douce, ô tendre Mère,
Trop heureux de vous plaire,
Toujours, toujours nous serons vos enfants.

152   **Marie à ses enfants.**

J'entends une voix attendrie
Me dire au cœur à tout instant :
Mon fils , seras-tu de Marie ,
Seras-tu pour jamais l'enfant !

Refrain   Bonne Marie ,
          Mère chérie ,
Tu veux que je sois ton enfant :
          Bonne Marie ,
          Mère chérie ,
Je le suis , j'en fais le serment.

Si l'affreux péché te convie
A transgresser ce doux serment ,
Réponds-lui : Je suis à Marie ,
Pour jamais je suis son enfant.

Et lorsqu'un jour à la lumière
Se fermera ton œil mourant ,
Ne crains pas que ta bonne Mère
Abandonne alors son enfant.

Conduit par moi dans la patrie
Où l'éternel bonheur t'attend ,
Tu t'écriras, oh! de Marie ,
Oh! qu'il est beau d'être l'enfant!

175 ### Saint Joseph.

Chaste époux d'une Vierge Mère
Qui nous adopta pour enfants,
Vous êtes aussi notre père,
Vous en avez les sentiments.

Refr. Bienheureux témoin de l'enfance
Et des premiers pas de Jésus,
Inspirez-moi son innocence,
Faites croître en moi ses vertus.

Qu'il est beau, qu'il est plein de grâce,
Ce lis qui brille dans vos mains !
Sa céleste blancheur efface
La couronne de tous les saints.

O chef de la famille sainte,
Saint patriarche, ô noble Epoux !
Joseph, ouvrez-moi cette enceinte
Où mon Dieu vient avec vous.

Daignez, tous les jours de ma vie,
Veiller sur moi, me secourir,
Et qu'entre Jésus et Marie
Comme vous je puisse mourir !

142   **Ange gardien.**

Mon bon Ange je vous salue,
Je vous crois présent en ce lieu ;
Ne souffrez pas qu'à votre vue
J'ose jamais offenser Dieu.

Je vous salue et vous révère
Comme un prince du paradis,
En qui je trouve un tendre frère,
Le plus fidèle des amis.

Plein d'amour, vous veillez sans cesse
Et sur mon âme et sur mon corps ;
Et, lorsque l'ennemi me presse,
Vous aidez mes faibles efforts.

De combien d'accidents funestes
Ne m'avez-vous pas préservé ?
Sans vos bontés toutes célestes,
De quels biens je serais privé !

Assistez-moi de vos prières,
Eclairez-moi, guidez mes pas,
Soulagez-moi dans mes misères,
Soutenez-moi dans mes combats.

Que vous rendrai-je, ô mon bon Ange!
Pour tant de soins et de bienfaits !
Que Dieu supplée à ma louange,
Et vous glorifie à jamais !

102   Saint Louis de Gonzague.

Heureux enfants, accourez tous,
A Louis venez rendre hommage :
De vos amis c'est le plus doux,
Heureux enfants, accourez tous ;
A son culte consacrez-vous :
Il est le patron de votre âge. (bis

Astre brillant dès son matin ,
Son lever n'a point eu d'aurore ,
Et Dieu le conduit par la main ;
Astre brillant dès son matin ,
Bientôt il touche à son déclin ,
Plus grand , plus radieux encore. (bis.

Pour lui tout n'est que vanité ;
Il foule aux pieds le diadème ;
Jeunesse, esprit, talents, beauté,
Pour lui tout n'est que vanité ;
Son unique félicité
Est de jouir du Dieu qu'il aime. (bis.

Montez au ciel , enfant d'amour,
Allez régner avec les anges :
Quittez ce terrestre séjour,
Montez au ciel , enfant d'amour,
Que les mortels , en ce beau jour,
Célèbrent partout vos louanges ! (bis.

Aimable saint, priez pour nous ;
Obtenez qu'en suivant vos traces,
Au ciel nous montions après vous.
Aimable saint, priez pour nous ;
Nous implorons à vos genoux
Le secours des célestes grâces. (bis.

L'École.

Heureux séjour de l'innocence,
Je te salue avec amour !
C'est là qu'on instruit mon enfance,
En me répétant chaque jour :

Refrain. Enfant, soyez docile et sage,
Suivez l'exemple de Jésus ;
Vous aurez le ciel en partage,
Si vous imitez ses vertus.

C'est Dieu qui vous a donné l'être ;
Il vous conserve à chaque instant ;
Appliquez-vous à le connaître :
Il est saint, juste et tout-puissant.

Donnez à Dieu, votre bon Père,
Tout votre cœur et votre amour ;
Si vous l'aimez bien sur la terre,
Vous aurez le ciel en retour.

A servir Dieu, soyez fidèle,
Pensez aux biens qu'il a promis :
Vous gagnez la vie éternelle,
En lui restant toujours soumis.

Enfant, soyez etc.

TABLE DES CANTIQUES.

Lille, Imp. Horemans.